9

8

4

10

# CINCUENTA EN LA CEBRA
## CONTANDO CON LOS ANIMALES

70

6

## FIFTY ON THE ZEBRA
### COUNTING WITH THE ANIMALS

12

30

5

3

written and illustrated by
Nancy María Grande Tabor

13

1

2

11

 Charlesbridge

Dedicated to Sonoma Valley Unified School District and especially the Flowery School.

Other bilingual books by Nancy María Grande Tabor:

ALBERTINA ANDA ARRIBA: EL ABECEDARIO
Albertina Goes Up: An Alphabet Book

SOMOS UN ARCO IRIS
We Are a Rainbow

EL GUSTO DEL MERCADO MEXICANO
A Taste of the Mexican Market

Published by Charlesbridge Publishing, 85 Main Street, Watertown, MA 02472 • (617) 926-0329
www.charlesbridge.com

**Library of Congress Cataloging-in-Publication Data**
Tabor, Nancy.
    Cincuenta en la cebra: contando con los animales / Fifty on the zebra: counting with the animals / by Nancy María Grande Tabor.
    p.    cm.
Spanish and English.
    ISBN 0-88106-856-X (softcover)
    ISBN 0-88106-858-6 (library reinforced)
    1. Counting—Juvenile literature. 2. Animals—Juvenile literature. [1. Counting. 2. Animals. 3. Spanish language materials—Bilingual.] I. Title. II. Title: 50 en la cebra.
QA113.T33 1994
513.2'11—dc20
[E]
                                                    93-41598
                                                        CIP
                                                        AC

Printed in the United States of America
(sc) 10 9 8 7 6 5
(lb) 10 9 8 7 6 5 4 3 2 1

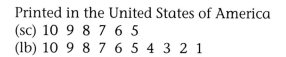

**No veo a ninguno, ni a nadie, ni nada.**

I see nobody, no one, nothing.

¿Cuántas cosas ves en éste dibujo?

How many things do you see in this picture?

¿Cuántos colores hay?

How many colors do you see?

¿Qué está pasando en este dibujo?

What is happening in this picture?

**Cero culebras comienzan la carrera.**

¿Cuántas patas tiene la culebra?

¿Cuántas hojas hay en el árbol de invierno?

¿Quién crees que ganará la carrera?

¿Qué estación del año a ti te gusta más?

¿Cuál será el premio al final de la carrera?

Zero snakes begin the race.

How many feet does the snake have?

How many leaves are on the winter tree?

Who do you think will win the race?

Which season of the year do you like best?

What will the prize be at the end of the race?

## Un unicornio llega primero.

One unicorn arrives first.

¿Cuántas velas hay en el pastel?

How many candles are on the cake?

¿Cuántas patas usa el flamenco para sostenerse?

How many legs is the flamingo standing on?

¿Cuántos cuernos tiene el unicornio?

How many horns does the unicorn have?

¿Cuántos años tiene el flamenco?

How old is the flamingo?

¿Qué hora es? ¿Qué día es?

What time is it? What day is it?

**Dos dinosaurios descubren dientes.**

¿Cuántos dientes descubrieron los dinosaurios?

¿Cuántos ojos tiene cada dinosaurio?

¿Cuántos árboles hay?

¿Son más grandes los dinosaurios que los árboles?

¿Existen todavía los dinosaurios?

Two dinosaurs discover teeth.

How many teeth did the dinosaurs discover?

How many eyes does each dinosaur have?

How many trees are there?

Are the dinosaurs bigger than the trees?

Do dinosaurs still exist?

**Tres tiburones traen el tesoro.**

Three sharks bring the treasure.

¿Cuántas estrellas de mar hay?

How many starfish are there?

¿Cuántas puntas marrones tiene el tridente?

How many brown points does the trident have?

¿Cuántas puntas verdes del ancla puedes ver?

How many green points do you see on the anchor?

¿Qué harías tú con el tesoro?

What would you do with the treasure?

¿Qué hora es?

What time is it?

**Cuatro compañeros corren contentos.**

¿Cuántos tienen cuellos largos?

¿Cuántos tienen cola?

¿Cuántas patas tiene cada uno?

¿Cuántos son de color amarillo?

¿Puedes nombrar cada animal?

Four friends run happily.

How many have long necks?

How many have a tail?

How many feet does each one have?

How many are yellow?

Can you name the animals?

**Cinco canarios cantan canciones.**

¿Cuántos columpios hay?

¿Cuántos canarios son de color amarillo?

¿Cuántas flores hay?

¿Cuántos pétalos tiene cada flor?

¿Todos los canarios están mirando hacia la misma dirección?

Five canaries sing songs.

How many swings are there?

How many canaries are yellow?

How many flowers are there?

How many petals does each flower have?

Are all the canaries facing in the same direction?

**Seis saltamontes saltan en la selva.**

¿Cuántas flores hay?

¿Cuántos pétalos tiene cada flor?

¿Cuántos hexágonos (formas con seis lados) puedes encontrar?

Six grasshoppers jump in the jungle.

How many flowers are there?

How many petals does each flower have?

How many hexagons (shapes with six sides) can you find?

**Siete sirenas se sientan y se asolean.**

¿Cuántas sirenas tienen el pelo rubio?

¿Cuántas sirenas tienen el pelo castaño?

¿Cuántas sirenas tienen el pelo negro?

¿Cuántas sirenas tienen la cola de color verde?

¿Cuántas sirenas están sentadas en la piedra de color marrón claro?

Seven mermaids sit and sunbathe.

How many mermaids have blonde hair?

How many mermaids have brown hair?

How many mermaids have black hair?

How many mermaids have green tails?

How many mermaids are sitting on the light brown rock?

**Ocho osos oyen la orquesta.**

¿Cúantos pingüinos tocan instrumentos?

¿Cúantos tocan violín?

¿Cúantos osos son de color negro?

¿Puedes nombrar los instrumentos que tocan los pingüinos?

¿Dónde viven los pingüinos, hace calor o frío?

Eight bears hear the orchestra.

How many penguins are playing instruments?

How many are playing violin?

How many bears are black?

Can you name the instruments the penguins are playing?

Do penguins live where it is hot or cold?

**Nueve nutrias navegan hacia el norte.**

Nine otters sail north.

¿Cuántas hojas tienen los árboles?

How many leaves are on the trees?

¿Cuántas nutrias tienen brújula?

How many otters have compasses?

¿Cuántas nutrias tienen velas de color anaranjado?

How many otters have orange sails?

¿Cuántas nutrias nadan de espalda?

How many otters are swimming on their backs?

¿Cómo sabes que van hacia el norte?

How do you know they are going north?

**Diez dragones desfilan disfrazados.**

¿Cuántos dragones llevan flores?

¿Cuántos pétalos tiene cada flor gigante?

¿Cuántos dragones de cada color hay?

¿Cuántos decáganos (formas con diez lados) hay?

¿Cuál color de dragón te gusta más?

Ten dragons parade in disguise.

How many dragons are carrying flowers?

How many petals does each giant flower have?

How many dragons of each color are there?

How many decagons can you find (shapes with ten sides)?

Which color dragon do you like best?

**Once ostras observan la ópera.**

Eleven oysters observe the opera.

¿Cuántas ostras tienen una silla azul?

How many oysters have a blue chair?

¿Cuántas ostras tienen una perla blanca?

How many oysters have a white pearl?

¿Cuántas ostras tienen una perla negra?

How many oysters have a black pearl?

¿Cuántas ostras están cantando?

How many oysters are singing?

¿Está iluminado o oscuro en el teatro?

Is it light or dark in the theater?

# Doce mariquitas gastan dinero.

¿Cuántas mariquitas tienen billetes?

¿Cuántas mariquitas tienen monedas?

¿Cuál mariquita compra una docena de huevos?

¿Puedes nombrar lo que compra cada mariquita?

¿Por qué tiene que pagar rápidamente la mariquita que tiene el helado?

Twelve ladybugs spend money.

How many ladybugs have paper money?

How many ladybugs have coins?

Which ladybug is buying a dozen eggs?

Can you name what each ladybug is buying?

Why does the ladybug with the ice cream need to pay quickly?

**Trece tortugas tienen tulipanes.**

Thirteen turtles have tulips.

¿Cuántas tortugas son de color marrón?

How many turtles are brown?

¿Cuántas tortugas son de color verde?

How many turtles are green?

¿Cuántas tortugas tienen tres marcas en su caparazón?

How many turtles have three spots on their shells?

¿Cuántas flores son de color turquesa?

How many flowers are turquoise?

¿Puedes nombrar los colores de los tulipanes?

Can you name the color of the tulips?

**Catorce conejos corren con cartas.**

Fourteen rabbits run with letters.

¿Cuántos conejos blancos hay?

How many white rabbits are there?

¿Cuántos conejos de color marrón hay?

How many brown rabbits are there?

¿Cuántos conejos tienen las orejas muy largas?

How many rabbits have very long ears?

¿Cuántos conejos tienen cartas amarillas?

How many rabbits have yellow letters?

¿A dónde van con las cartas?

Where are they going with the letters?

**Quince quirquinchos se quedan quietos.**

¿Cuántos armadillos son de color morado?

¿Cuántos armadillos son de color marrón?

¿Cuántos armadillos hay a cada lado del palo?

¿Sabes que quirquincho es otra palabra para armadillo?

Fifteen armadillos stay still.

How many armadillos are purple?

How many armadillos are brown?

How many armadillos are on each side of the pole?

Do you know there are two words for armadillo in Spanish?

**Dieciséis doradas se divierten durante el día.**

Sixteen dolphinfish enjoy themselves during the day.

¿Cuántos peces están pasando por la llanta?

How many fish are going through the tire?

¿Cuántos peces están debajo de la medusa?

How many fish are under the jellyfish?

¿Cuántos peces están encima de la tortuga?

How many fish are over the turtle?

¿Cuántos peces están fuera del agua?

How many fish are out of the water?

¿Cuántos abanicos de coral anaranjados hay?

How many orange fan corals are there?

**Diecisiete animales desean descansar.**

Seventeen animals want to rest.

¿Cuántos animales son los osos hormigueros negros?

How many animals are black anteaters?

¿Cuántos animales son los armadillos?

How many animals are armadillos?

¿Cuántos animales son los perezosos que estan colgando boca abajo?

How many animals are sloths hanging upside down?

¿Hay más perezosos o más armadillos?

Are there more sloths or more armadillos?

¿Dónde crees que estos animales viven?

Where do you think these animals live?

**Dieciocho perros dálmatas llevan diamantes.**

¿Cuántos perros grandes hay?

¿Cuántos perros pequeños hay?

¿Cuántos perros tienen dos diamantes en su collar?

¿Hay más perros con orejas negras o blancas?

¿Puedes encontrar más de dos perros que tienen collares del mismo color?

Eighteen dalmations wear diamonds.

How many big dogs are there?

How many little dogs are there?

How many dogs have two diamonds in their collars?

Are there more dogs with black ears or white ears?

Can you find more than two dogs with the same color collar?

**Diecinueve dromedarios se detienen debajo de las datileras.**

¿Cuántos dromedarios hay debajo de la primera datilera?

¿Cuántos dromedarios hay debajo de la segunda y la tercera datilera?

¿Cuántos dromedarios hay debajo de la cuarta datilera?

¿Sabes que un dromedario es un camello que tiene solamente una giba?

Nineteen dromedaries stop under the date palms.

How many dromedaries are under the first date palm?

How many dromedaries are under the second and third date palms?

How many dromedaries are under the fourth date palm?

Do you know that a dromedary is a camel with only one hump?

**Veinte venados vienen de Veracruz.**

¿Cuántos venados tienen los cuernos largos?

¿Cuántos venados tienen los cuernos cortos?

¿Cuántos venados no tienen cuernos?

¿Cuántos arbustos hay?

¿Los venados están caminando o corriendo?

Twenty deer come from Veracruz.

How many deer have long antlers?

How many deer have short antlers?

How many deer do not have antlers?

How many bushes are there?

Are the deer walking or running?

**Muchas mariposas y pocos peces hacen un total de treinta.**

¿Cuántas mariposas hay?

¿Cuántos peces hay?

¿Hay más mariposas blancas que amarillas?

¿Hay más mariposas blancas que moradas?

¿Preferirías ser un pez o una mariposa?

Many butterflies and a few fish make a total of thirty.

How many butterflies are there?

How many fish are there?

Are there more white butterflies than yellow butterflies?

Are there more white butterflies than purple butterflies?

Would you prefer to be a fish or a butterfly?

**Hay cuarenta caracoles en dos grupos que son iguales.**

There are forty snails in two equal groups.

¿Cuántos caracoles blancos hay?

How many white snails are there?

¿Cuántos caracoles negros hay?

How many black snails are there?

¿Cuántos caracoles negros hay en la fila de arriba?

How many black snails are in the top row?

¿Cuántos caracoles blancos hay en la fila de abajo?

How many white snails are there in the bottom row?

¿Hay más caracoles negros que blancos?

Are there more black snails or white snails?

**Hay cincuenta en la cebra.
¿Pero dónde se encuentran?**

¿Cuántas rayas negras tiene la cebra en la cabeza?

¿Cuántas rayas negras tiene la cebra en total?

¿Cuántas rayas blancas hay?

¿Dónde viven las cebras?

There are fifty on the zebra.
But where are they?

How many black stripes does the zebra have on its head?

How many black stripes does the zebra have in all?

How many white stripes are there?

Where do zebras live?

**Sesenta pertenecen a la misma familia.**

¿Cuántas ranas están en cada hoja de nenúfar?

¿Cuántas ranas hay en total?

¿Cuántos renacuajos hay?

¿Cuántos huevos hay?

¿Cuántas ranas habrán al final?

Sixty belong to the same family.

How many frogs are on each lily pad?

How many frogs are there in all?

How many tadpoles are there?

How many eggs are there?

How many frogs will there be in the end?

**Setenta animales pertenecen a dos grupos diferentes.**

¿Cuántos animales tienen cuellos largos?

¿Cuántos animales tienen cuatro patas?

¿Cuántos animales nadan?

¿Hay más cisnes o más llamas?

¿Cuáles son las diferencias entre los cisnes y las llamas?

Seventy animals belong to two different groups.

How many animals have long necks?

How many animals have four feet?

How many animals swim?

Are there more swans or more llamas?

What are the differences between the swans and the llamas?

**Ochenta orugas se organizan.**

¿Cuántas orugas amarillas hay?

¿Cuántas orugas van hacia el centro?

¿Cuántas orugas están dando vueltas en círculo?

¿Cuántas orugas no están en el círculo?

¿Puedes encontrar la oruga que va en sentido contrario?

Eighty caterpillars organize.

How many yellow caterpillars are there?

How many caterpillars are going toward the center?

How many caterpillars are going around the circle?

How many caterpillars are not in the circle?

Can you find one caterpillar that is going in the wrong direction?

**Treinta, treinta, y treinta son noventa.**

¿Cuántos pájaros están volando?

¿Cuántos caracoles se están arrastrando?

¿Cuántos peces están nadando?

¿Cuáles animales se enfrentan?

¿Cuáles animales se aleján de los otros?

Thirty, thirty, and thirty are ninety.

How many birds are flying?

How many snails are crawling?

How many fish are swimming?

Which animals are going toward each other?

Which animals are going away from each other?

| | |
|---|---|
| **El ciempiés camina con cuidado.** | The centipede walks carefully. |
| ¿Cuántas patas tiene en el mismo lado? | How many feet does it have on the same side? |
| ¿Cuántas patas tiene en total? | How many feet does it have in all? |
| ¿Dónde está la cabeza del ciempiés? | Where is the head of the centipede? |
| ¿Dónde termina el ciempiés? | Where is the end of the centipede? |